Ludwig Lau

Spirituelle Auszeit in den Bergen

LUDWIG LAU

Spirituelle Auszeit in den Bergen

Impulse zum Auftanken

FREIBURG · BASEL · WIEN

© Verlag Herder GmbH, Freiburg im Breisgau 2017
Alle Rechte vorbehalten
www.herder.de

Umschlaggestaltung: wunderlichundweigand, Stefan Weigand
Umschlagmotiv: © shutterstock

Satz: Rainer Moers, Mönchengladbach
Herstellung: CPI Moravia Books, Pohorelice
Printed in the Czech Republic

ISBN 978-3-451-37724-2

Inhalt

Pfarrkirche in Sulden

Vorwort

Lebensräume prägen uns Menschen. Wir haben andere Gefühle und Gedanken, je nachdem, ob wir uns im Büro, in einer Kirche, in einem vollen Einkaufscenter oder in freier Natur befinden. Es tut gut, von Zeit zu Zeit aus den gewohnten Lebensräumen herauszutreten und in neue Lebensräume einzutreten. Diese Auszeit hilft uns, unser Leben aus einer anderen Perspektive anzusehen. Neue Gedanken und Impulse können entstehen. Die Berge in ihrer Erhabenheit, in ihrer Größe und Zeitlosigkeit sind ein besonders guter Ort, um zu sich selber zu finden. Hier, wo der Mensch klein wird, wo er aus seinem gesicherten Umfeld heraustritt und den Naturgewalten ausgesetzt wird, ist er auf eine ganz neue Weise auf das Wesentliche des Lebens hin orientiert.

Nach meiner Erfahrung ist es besonders hilfreich, sich mehrere Tage am Stück eine solche Auszeit zu gönnen – eine Zeit, in der niemand etwas von mir will, sondern in der ich allein mit mir selber beschäftigt bin. Mit der Dauer des Aufenthalts in den Bergen fällt auch der Druck, »etwas machen« zu müssen. Man darf einfach da sein, die Herrlichkeit der Schöpfung genießen und auf sich wirken lassen.

Bei der Wahl der Unterkunftshäuser empfiehlt es sich, spirituelle Orte aufzusuchen, Orte, von denen eine spirituelle Kraft ausgeht und an denen Glaube gelebt wird. Ich selbst bevorzuge Klöster in den Bergen. Am Schluss dieses Buches finden sich einige Klöster in den Bergen, die sich für geistliche Tage besonders eignen.

Wer mit der Absicht, die Berge als spirituellen Impuls zu erfahren, unterwegs ist, kann zwischen verschiedenen Möglichkeiten wählen. Die einen gehen von Hütte zu Hütte. Hier ist die Erfahrung, dass man »auf dem Weg ist« und dass man den Naturgewalten ausgesetzt ist, besonders intensiv. Freilich sind stark frequentierte Berghütten oft wenig geeignet, das Erlebte setzen und nachklingen zu lassen. Daher bevorzuge ich feste Ausgangspunkte, am besten mit Einzelzimmer.

Wer dieses Buch als Wegbegleiter für sein spirituelles Leben gebrauchen möchte, kann dies auf verschiedene Weise tun: in Gruppen, alleine, in Form einer Tagestour oder den eben beschriebenen mehrtägigen Auszeiten. Die einzelnen Impulse und Abschnitte dieses Buches können unabhängig voneinander gelesen werden.

Allen Leserinnen und Lesern wünsche ich gute Erfahrungen.

Ludwig Lau

Einfach gehen

Geh in die Berge –
und du wirst die Hektik des Alltags hinter dir lassen.
Geh langsam –
und du wirst zur Ruhe kommen.
Geh bewusst –
und du wirst den Moment des Augenblicks spüren.
Geh in Stille –
und du wirst dir und Gott begegnen.
Geh mit Weggefährten –
und du wirst Gemeinschaft erleben und
Unterstützung erfahren.
Geh mit Impulsen –
und du wirst zum Nachdenken über
dein Leben angeregt.
Nimm dir Zeit, einfach zu gehen
und lass das Leben in dir mit all seinen Fragen
zum Klingen kommen.

Michael Gosebrink

I. Vorbereitung

Wenn man in die Berge geht, dann nimmt man sich eine Auszeit. Man möchte aus dem gewöhnlichen Alltag heraustreten und neu auftanken. An manchen Tagen und Orten kommen einem in den Bergen wandernde Horden entgegen und von Stille kann keine Rede sein. Es gibt aber auch Wanderungen, bei denen man auf einsamen Wegen stundenlang allein unterwegs ist. Es liegt an einem selbst, welches Ziel man auswählt und mit welcher Absicht man in die Berge geht.

Es gibt Tage, da möchte ich mich in den Bergen in toller Landschaft auspowern – ich gehe schnell und überwinde viele Höhenmeter. An solchen Tagen leiste ich körperlich etwas. Es gibt aber auch Tage, da gehe ich in die Berge, um innerlich aufzutanken. Und da tut es mir gut, zur Stille zu kommen und ohne Zeit- und Termindruck unterwegs zu sein – frei von Gedanken wie »Um 12 Uhr musst du auf dem Gipfel sein, sonst schaffst du es nicht mehr zum Abendtermin.« Wenn ich zu mir kommen will, tut es gut, absichtslos einfach da zu sein. Zeit zu haben, mich an einem schönen Platz niederzulassen und die Stille und die Schöpfung auf mich wirken zu lassen.

Absichtslos – das heißt, nicht zu denken »jetzt gönnst du dir die Stille. Jetzt denk an nichts anderes mehr.« Nein, das wäre gelenkt. Absichtslos heißt, Gedanken dürfen kommen und gehen, wie sie möchten. Und da geschieht oft etwas Wunderbares: In dieser Stille ordnen sich die Gedanken, sie können sich setzen. Erstmals vielleicht. So vieles schwirrt im Alltag um einen herum, und bevor man es verarbeiten kann, kommt schon das Nächste. Nun ist auf einmal Zeit. Und das tut gut.

In der Stille können Dinge Gewicht finden, die bisher eher untergingen, und umgekehrt.

In der Stille verschieben sich die Geräusche des Lebens.

»Berge sind stille Meister und machen schweigsame Schüler.«
Johann Wolfgang von Goethe, Dichter

Achtsam werden

Wenn wir uns Auszeiten in den Bergen gönnen, möchten wir auch die Geräusche des Lebens hören, die im Alltag unterzugehen drohen.

Geräusch der Grille – Geräusch des Geldes

Eines Tages verließ ein Indianer sein Reservat und besuchte einen weißen Mann, mit dem er befreundet war. In einer Stadt zu sein, mit all dem Lärm, den Autos und den vielen Menschen um sich – all dies war ganz neuartig und auch ein wenig verwirrend für den Indianer. Die beiden Männer gingen die Straße entlang, als plötzlich der Indianer seinem Freund auf die Schulter tippte und ruhig sagte: »Bleib einmal stehen. Hörst du auch, was ich höre?« Der weiße Freund des roten Mannes horchte, lächelte und sagte dann: »Alles, was ich höre, ist das Hupen der Autos und das Rattern der Omnibusse. Und dann freilich auch die Stimmen und die Schritte der vielen Menschen. Was hörst du denn?« »Ich höre ganz in der Nähe eine Grille zirpen«, antwortete der Indianer. Wieder horchte der weiße Mann. Er schüttelte den Kopf. »Du musst dich täuschen«, meinte er dann, »hier gibt es keine Grillen. Und selbst wenn es hier irgendwo eine Grille gäbe, würde man doch ihr Zirpen bei dem Lärm, den die Autos machen, nicht hören.« Der Indianer ging ein paar Schritte. Vor einer Hauswand blieb er stehen. Wilder Wein rankte an der Mauer.

Er schob die Blätter auseinander, und da – sehr zum Erstaunen des weißen Mannes – saß tatsächlich eine Grille, die laut zirpte. Nun, da der weiße Mann die Grille sehen konnte, fiel auch ihm das Geräusch auf, das sie von sich gab. Als sie weitergegangen waren, sagte der Weiße nach einer Weile zu seinem Freund, dem Indianer: »Natürlich hast du die Grille hören können. Dein Gehör ist eben besser geschult als meines. Indianer können besser hören als Weiße.« Der Indianer lächelte, schüttelte den Kopf und erwiderte: »Da täuschst du dich, mein Freund. Das Gehör eines Indianers ist nicht besser und nicht schlechter als das eines weißen Mannes. Pass auf, ich will es dir beweisen!« Er griff in die Tasche, holte ein 50-Cent-Stück hervor und warf es auf das Pflaster. Es klimperte auf dem Asphalt, und die Leute, die mehrere Meter von dem weißen und dem roten Mann entfernt gingen, wurden auf das Geräusch aufmerksam und sahen sich um. Endlich hob einer das Geldstück auf, steckte es ein und ging seines Weges. »Siehst du«, sagte der Indianer zu seinem Freund, »das Geräusch, das das 50-Cent-Stück gemacht hat, war nicht lauter als das der Grille, und doch hörten es viele der weißen Männer und drehten sich danach um, während das Geräusch der Grille niemand hörte außer mir. Der Grund dafür liegt nicht darin, dass das Gehör der Indianer besser ist. Der Grund liegt darin, dass wir alle stets das gut hören, worauf wir zu achten gewohnt sind.«

Frederik Hetmann

Die Erfahrung des Einsiedlermönchs

Ein junger Mann hatte von einem Einsiedlermönch gehört. Er konnte sich nicht vorstellen, solange mit sich selbst alleine zu sein. Er machte sich deshalb auf den Weg, um den Mönch nach seinen Motiven und Erfahrungen zu fragen.

Der Mönch führte ihn zu einem Brunnen. Er warf einen Stein in das Wasser und fragte den jungen Mann: »Schau in den Brunnen, was siehst du?« »Nichts«, war die Antwort, »nur Wasser, das sich bewegt und leichte Wellen schlägt!« Sie warteten eine Zeit, und dann schauten sie wieder in den Brunnen. »Was siehst du jetzt?« »Jetzt sehe ich mich selbst. Ich spiegle mich im stillen Wasser. Ganz deutlich kann ich mein Gesicht erkennen.« Und nach einer langen Pause: »Und nun sehe ich den Himmel!« »Siehst du«, antwortete der Mönch, »das ist die Erfahrung mit dem Alleinsein!«

Autor unbekannt

Bergbach in der Nähe der Franz-Josefs-Hütte oberhalb von
Faschina

Ich packe meinen Rucksack …

Auf Tour gehen. Wenn ich mich erst einmal entschieden habe, welchen Berg ich heute wie erklimmen will oder wohin die Wanderung gehen soll, stellt sich die Frage: Was nehme ich mit, was packe ich in meinen Rucksack?

Wenn man Bergsteiger beobachtet, welche die gleiche Tour machen, fällt auf, dass sie sehr Unterschiedliches in ihren Rucksack einpacken:

Da gibt es die Minimalisten, die jedes Gramm scheuen, die kaum etwas zu Trinken und zu Essen dabei haben und die auch bei der Ausrüstung gerne sparen. Und es gibt die, die gerne auf Nummer sicher gehen, die auch beim schönsten Wetter einen Regenschirm einpacken, die auf eine Fotokamera oder gar ein Handy auf ihrer Tour nicht verzichten möchten.

So, wie wir den Rucksack packen, so sind wir auch sonst im Leben: Sage mir, was du in deinen Rucksack packst, und ich sage dir, wer du bist. Man kann nicht von vornherein sagen, welcher der verschiedenen Bergsteigertypen den besseren Rucksack gepackt hat – dazu sind die Menschen einfach zu unterschiedlich. Es geht bei diesen Gedanken vielmehr um ein Bewusstwerden.

Möglicherweise gibt es Dinge, auf die Sie gut verzichten könnten. Andere sind Ihnen so wichtig, dass Sie sie niemals aus ihrem Lebensrucksack herausnehmen möchten. Vielleicht fallen Ihnen auch Dinge ein, die Ihnen fehlen.

Zum Nachdenken

Ich lade Sie ein, sich Zeit zu nehmen, Ihren Lebensrucksack einmal genauer anzuschauen:

– Worauf könnte ich verzichten?
– Worauf möchte ich auf keinen Fall verzichten?

Zitateproviant für unterwegs

Erfahrungen, die andere in den Bergen gemacht haben, können auch eine persönliche Hilfe sein, die eigene Sichtweise zu erweitern. Es bietet sich an, einen der Sprüche schon zu Hause auf ein Blatt Papier zu schreiben und beim Gehen zu meditieren.

»Wer ein Ziel hat, der nimmt auch schlechte Straßen in Kauf.«
Kyrilla Spiecker, Ärztin, Benediktinerin

»Die einzige Gefahr im Leben besteht darin, niemals ein Risiko einzugehen.«
Sergio Bambaren Roggero, peruanischer Schriftsteller

»Die tiefsten Gründe auf die Berge zu steigen liegen darin, dass ich die stärksten Erfahrungen nur haben kann, wenn ich bis an den Rand der Möglichkeiten gehe.«
Reinhold Messner, Bergsteiger

»Lieber auf neuen Wegen stolpern als auf der Stelle treten.«
Bergsteiger-Weisheit

»Ich bin der Sucher eines Weges, der breiter ist als ich.«
Günter Kunert, deutscher Schriftsteller

»Die meisten Menschen bewegen sich auf dem goldenen Mittelweg und wundern sich, wenn er verstopft ist.«

Hellmut Walters, deutscher Schriftsteller

»Wir steigen nicht auf Berge, um Gipfel zu erreichen, sondern um heimzukehren in eine Welt, die uns als neue Chance, als ein nochmals geschenktes Leben erscheint.«

Reinhold Messner

»Nur wo du zu Fuß warst, bist du auch wirklich gewesen.«

Johann Wolfgang von Goethe, Dichter

»Zwar hat der Mensch zwei Beine, doch kann er nur einen Weg gehen.«

Sprichwort des westafrikanischen Volks Fulbe

»Auch der längste Marsch beginnt mit dem ersten Schritt.«

Laozi

Ich hebe meine Augen empor zu den Bergen.
Woher wird Hilfe mir kommen?
Hilfe kommt mir vom Herrn,
der geschaffen hat Himmel und Erde.
Er lässt deinen Fuß nicht wanken;
der dich behütet, er schläft nicht.
Siehe, es wird nicht schlafen, nicht ruhn,
der Wache hält über Israel.
Der Herr ist dein Hüter!
Zu deiner Rechten wird der Herr dich beschützen.
Am Tag wird dich nicht versengen die Sonne,
nicht schadet dir der Mond in der Nacht.
Vor allem Übel wird der Herr dich bewahren,
der Herr behütet dein Leben.
Der Herr behütet dein Gehen und Kommen
von nun an bis in Ewigkeit.

    Psalm 121

Auf dem Weg zur Düsseldorfer Hütte – Blick auf die Königsspitze

II. Unterwegs

Wegweiser

Steinmännchen

Nicht alle Wege sind breit und ausgetreten.
Oft sind sie unübersichtlich.
Gehen über Schottergelände oder Wiesen.
Die Orientierung ist schwierig.
Besonders bei Nebel oder einbrechender Dunkelheit.
Wie gut tun da Steinmännchen,
die in regelmäßigen Abständen errichtet sind.
Sie geben Orientierung.
Sie geben Sicherheit.
Wenn man falsch gelaufen ist, geben sie die Richtung an, dass
man wieder auf den richtigen Weg zurückfindet.
Wer Steinmännchen errichtet, will, dass man sich in Zukunft
besser orientieren kann.

Das war auch die Absicht von Jakob im Buch Genesis:

Gott erschien Jakob zum zweiten Mal seit seiner Rückkehr aus Paddan-Aram und segnete ihn. Gott sprach zu ihm: Dein Name ist Jakob; du sollst nicht mehr Jakob heißen, sondern Israel soll dein Name sein. So gab er ihm den Namen Israel. Und weiter sprach Gott zu ihm: Ich bin Gott, der Allmächtige. Sei fruchtbar und vermehre dich. Ein Volk, ja eine Menge von Völkern soll aus dir hervorgehen und Könige sollen von dir abstammen. Das Land, das ich Abraham und Isaak gegeben habe, dir gebe ich es und deinen Nachkommen gebe ich dieses Land. Und Gott fuhr von ihm auf. Jakob richtete ein Steinmal auf an der Stätte, an der er mit ihm geredet hatte, einen Gedenkstein, goss ein Trankopfer darüber aus und schüttete Öl darauf. Jakob nannte die Stätte, an der Gott mit ihm geredet hatte, Bet-El.

Genesis 35,9-15

Das Steinmal des Jakob hatte über Jahrhunderte für Israel eine entscheidende Bedeutung: es wurde ein zentrales Heiligtum und Pilgerstätte der Israeliten. Das Steinmal hat dem Versprechen Gottes an seinem Volk einen Ort gegeben.

Jakob macht eine einschneidende Erfahrung. Er begegnet Gott. Er weiß: Das, was ich gerade erfahren habe, ist enorm wichtig für mich selbst und für mein Volk. Es kann so schnell vergessen werden. Deshalb baut Jakob ein Steinmal. Es soll ihn und die Nachfahren für alle Zeiten daran erinnern, was Gott getan hat.

Zum Nachdenken

Gott hat nicht nur an Jakob gehandelt, er handelt auch an jedem von uns. Wir sind seine Söhne und Töchter. Es ist wichtig, dass wir uns immer wieder vor Augen halten, was Gott an uns getan hat. So Vieles gerät so leicht in Vergessenheit.

Wofür sind Sie persönlich Gott dankbar?

ÜBUNG

Sie sind eingeladen, so wie Jakob ein Steinmal zu errichten. Steinmännchen sind Wegweiser. Ihr Steinmännchen ist ebenfalls Wegweiser – für Sie. Es ist Erinnerungszeichen dafür, was Gott an Ihnen getan hat. Es steht auch dann, wenn Sie längst zu Hause sind. Aber Sie wissen: Dort in den Bergen, da steht mein Steinmännchen. Mein Wegweiser. Mein Erinnerungszeichen, dass Gott es gut mit mir meint.

Steinmännchen, im Hintergrund: Peilspitze, Stubaier Alpen

Weggabelungen

Irgendwann hat einmal alles angefangen, ganz klein und unscheinbar. Ich bin hineingeboren worden in ein Umfeld, das ich nicht beeinflussen konnte. Seither bin ich einen langen Weg gegangen mit vielen Weggabelungen, mit Entscheidungen, wohin der Weg gehen soll.

Der, der ich jetzt bin, bin ich geworden durch den Weg, den ich bisher gegangen bin. Immer wieder stand ich vor Weggabelungen. Entscheidungen, die mein Leben prägten, etwa der Wahl meines Berufes, der Entscheidung für oder gegen eine(n) Lebenspartner(in) oder einen bewussten Ortswechsel.

Zum Nachdenken

Sicherlich fallen Ihnen noch eine Vielzahl solcher Weggabelungen ein. Sie sind eingeladen, sich ein ruhiges Plätzchen zu suchen und Ihren Lebensweg an sich vorbeiziehen zu lassen.

Sind Sie mit Ihren Entscheidungen zufrieden?

Können Sie diese Entscheidungen als Teil Ihres Lebens annehmen, auch wenn nicht alles so gelaufen ist, wie man sich das wünscht?

Möchten Sie für die Zukunft etwas anders machen?

Wegweiser in Nordtirol

Bäume am Wegesrand

Da steht sie vor mir – die Zirbe
in über 2000 Metern Seehöhe.
Sie ist von den Jahren gezeichnet
vom Wetter geformt
von der Höhe geprägt.
Sie hat ein festes Wurzelwerk.
So leicht haut sie nichts um.

Wurzelwerk

Bäume in den Bergen, die Wind und Wetter ausgesetzt sind,
müssen ein festes Wurzelwerk haben.

Zum Nachdenken

Welchen Ereignissen, welchen Stürmen und Wetterlagen sind
Sie ausgesetzt?
Bei welchen Wurzeln finden Sie Halt?

Ausstieg eines Klettersteigs im Kaunertal

Hürden meistern

Eine alltägliche Erfahrung, wenn man in die Berge geht: Berge und Pässe, die zunächst ganz weit weg erscheinen, werden, wenn man ein Stück des Weges gegangen ist, auf einmal groß. Und das, was zunächst im Vordergrund stand, wird – je länger der Weg andauert – immer kleiner.

Das, was in den Bergen eine Binsenwahrheit ist, das gilt auch für Dinge, die mich im Augenblick gerade beschäftigen: Manches Problem, das mir im Augenblick übergroß erscheint und von dem ich keine Ahnung habe, wie ich es bewältigen kann, wird schon nach einer kleinen Strecke des Lebensweges viel kleiner. Es gibt dann eine andere Perspektive auf das gleiche Problem, und das lässt alles in einem anderen Licht erscheinen…

Zum Nachdenken

Gibt es diese Erfahrung auch in Ihrem Leben? Situationen, die für Sie zunächst ausweglos erschienen? Mauern, die Sie für unüberwindbar hielten?

Enge und Weite

Weitblick und Enge
wechseln in den Bergen
häufig ab
– wie im Leben!

Meine engen Grenzen,
meine kurze Sicht,
bringe ich vor dich.
Wandle sie in Weite,
Herr, erbarme dich!

Eugen Eckart

Weg in der Nähe des Körbersees/Hochtannbergpass

... und weitergehen

Irgendwie haben Sie es dann doch geschafft, den Weg weiterzugehen. Mit Hilfe von Freunden und Bekannten, auf Grund von früheren Erfahrungen, vielleicht auch mit Gottes Hilfe. Es tut gut, sich zu vergewissern, welche Hürden man im Leben schon gemeistert hat. Denn die Erfahrungen aus der Vergangenheit können helfen, sich von den Problemen, die aktuell anstehen, nicht erdrücken zu lassen und mit einer gewissen Gelassenheit und Gottvertrauen durchs Leben zu gehen.

Ich will dich lieben, o Herr, meine Stärke,
Herr, du mein Hort, meine Burg und mein Retter!
Du mein Gott, mein Fels, auf den ich mich flüchte;
du mein Schild, meines Heiles Panier, meine Zuflucht.
Du bist es, Herr, der strahlen lässt meine Leuchte,
mein Gott, du erhellst mein Dunkel.
Mit dir durchbreche ich die Reihen des Feindes,
mit meinem Gott erstürme ich Mauern.
   Psalm 18, 2.3, 29.30

Wie ein Adler, der sein Nest beschützt
und über seinen Jungen schwebt,
der seine Schwingen ausbreitet,
sein Junges nimmt
und es auf seinen Flügeln trägt,
so hüllt Gott auch dich ein,
er gibt auf dich acht
und hütet dich wie seinen
Augenstern.

nach Deuteronomium 32, 10 f

»Vertraue darauf, dass dein Weg unter dem Segen Gottes steht. Alles, was du in die Hand nimmst, soll zum Segen werden für dich und für die Menschen, mit denen und für die du lebst und wirkst.«

Anselm Grün

Von Kindern lernen

Sind wir mit Kindern in den Bergen unterwegs, können wir von ihnen viel lernen: Von ihrer Unbekümmertheit und ihrer Neugierde, mit der sie ihrer Umwelt begegnen. Kinder brauchen kein Ziel wie »heute steigen wir auf den oder den Gipfel« – Kinder wollen etwas erleben. Wenn man Kinder Kinder sein lässt, sie nicht einzwängt in irgendwelche Ziele, dann kann man entdecken, wie intensiv sie die Umwelt wahrnehmen und sich mit ihr auseinandersetzen: Indem sie Staudämme an Bachläufen bauen, auf Bäume und auf Felsen klettern oder voll Begeisterung durch Pfützen springen.

ÜBUNG

Lassen Sie sich von den Kindern inspirieren, etwa, indem Sie einmal Ihre Schuhe und Socken ausziehen und schweigend über die warmen Almwiesen gehen. Wie wenig nutzen wir doch unsere Sinne – wenn unsere Füße beispielsweise tagaus, tagein in Socken und Schuhe eingepfercht sind, wenn sie nicht mehr Temperaturunterschiede spüren können oder wissen, wie sich die unterschiedlichen Böden anfühlen. So Vieles kann das Leben reich machen, etwa eine Pause, in der Sie einfach Ihre Beine im Bachbett baumeln lassen und das erfrischende, vielleicht auch eisige Wasser an Ihren Füßen spüren. Sie werden sehen, wie das guttut und belebt!

Verborgene Schätze entdecken

Es gehört zu den Highlights in meinem Leben, unvergessen. Ich war mit meinem Vater auf die Dent du Géant im Mont-Blanc-Massiv geklettert. Irgendwie bin ich von der Normalroute abgekommen, nicht weit, vielleicht 10 Meter... Die Wand war steil. Ich tastete die Wand nach Griffen ab. Da – über mir – ich griff in spitze Zacken. Neugierig geworden kletterte ich etwas hoch und kam aus dem Staunen gar nicht mehr heraus: Mein Haltegriff waren Quarzkristalle – riesengroß – zumindest in der Erinnerung. Voller Schönheit. Ich hatte nicht lange Zeit zum Bewundern, mein Vater wartete schon oben, es war bald September und wir hatten nicht mehr so viel Zeit zu verlieren. Trotzdem hat sich dieses Erlebnis in mein Gedächtnis eingeprägt. Da stand es – dieses Naturwunder – mitten an der Felswand. Keiner ahnte, dass sich nur wenige Meter neben der Route eine solche Schönheit versteckte. Vielleicht war ich der Erste, der nach Jahrtausenden auf sie gestoßen ist, vielleicht haben auch viele andere, die an der Normalroute vorbeigeklettert sind, in fast 4000 Meter Höhe dieses Wunder bestaunt. Obwohl ich es fest vorhatte – ich bin nie mehr zurückgekehrt an jene Stelle. Doch ich habe alles in meinem Herzen bewahrt.

Vielleicht ist mir das alles bis heute noch so präsent, weil dieser »Schatzfund« auch so viel über unser Leben aussagt und über die Menschen, die uns begegnen.

Wie viele Menschen begegnen mir, die nach außen hart, grau, unscheinbar ausschauen. Aber wenn man einen entsprechenden Zugang gefunden hat, dann tun sich nicht selten unerwartete Schätze auf. Das ist der christliche Glaube: Es ist der Glaube daran, dass in jedem Menschen – egal wie hart und abweisend er nach außen hin auch erscheint – so ein Schatz zu finden ist.

Das Auge

Das Auge sagte eines Tages: »Ich sehe hinter diesen Tälern im blauen Dunst einen Berg. Ist er nicht wunderschön?« Das Ohr lauschte und sagte nach einer Weile: »Wo ist der Berg? Ich höre keinen!« Darauf sagte die Hand: »Ich versuche vergeblich, ihn zu greifen. Ich finde keinen Berg.«

Die Nase sagte: »Ich rieche nichts. Da ist kein Berg!«

Da wandte sich das Auge in die andere Richtung.

Die anderen diskutierten weiter über diese merkwürdige Täuschung und kamen zu dem Schluss: »Mit dem Auge stimmt etwas nicht!«

Khalil Gibran

Evangelium vom Schatz im Acker und der wertvollen Perle

Das Himmelreich gleicht einem im Acker verborgenen Schatz. Ein Mann fand ihn und deckte ihn wieder zu. Voll Freude ging er hin, verkaufte alles, was er besaß, und kaufte jenen Acker. Auch gleicht das Himmelreich einem Kaufmann, der schöne Perlen suchte. Als er aber eine kostbare Perle fand, ging er hin, verkaufte alles, was er besaß, und kaufte sie.

Mt 13,44-46

Zum Nachdenken

Lassen Sie in Gedanken die Menschen an sich vorbeiziehen, mit denen Sie zu tun haben.

Mit welchen Menschen mit Ecken und Kanten tun Sie sich schwer?

Haben Sie in ihnen schon geheime Schätze entdecken können?

Braucht es vielleicht einen besonderen Zugang (welchen?), um neue Seiten zu entdecken?

Gepäck und Lasten tragen

Einen Rucksack zu packen und ihn dann durchs Gelände zu tragen, das sind oft zwei Paar Stiefel. Unterwegs stellen viele fest, dass sie zu viel Gepäck dabei oder dass sie nicht die passende Kleidung eingepackt haben. Genauso verhält es sich auch sinnbildlich bei dem Rucksack, den wir mit durchs Leben tragen. Im Rückblick auf das bisherige Leben würde man vielleicht einige Dinge, die einem im Leben begegnet sind, heute anders anpacken als früher. Vielleicht geht es Ihnen so ähnlich wie der 85-jährigen Nadine Stair, die in einem Brief beschreibt, was sie anders machen würde, wenn sie noch einmal leben würde:

»Wenn ich mein Leben noch einmal leben könnte, würde ich versuchen, mehr Fehler zu machen. Ich würde mich mehr entspannen. Ich würde verrückter sein. Ich würde weniger hygienisch sein. Ich würde mehr Chancen wahrnehmen. Ich würde mehr unternehmen. Ich würde mehr Berge besteigen, in mehr Flüssen schwimmen und mehr Sonnenuntergänge beobachten. Ich würde mehr Eis und weniger Spinat essen.

Ich bin einer von den Menschen, die jeden Tag vernünftig und gesund leben. Ja, ich hatte viele tolle Momente, und wenn ich nochmals leben würde, würde ich versuchen, mehr davon zu haben. Einfach nur Augenblicke, einen nach dem anderen, anstatt so viele Jahre im Voraus zu leben und zu denken. Ich war eine von der Sorte Leute, die nirgendwohin ohne einen Thermometer, eine Flasche mit heißem Wasser, einem Gurgelwasser, einen Regenmantel und einen Fallschirm gehen. Wenn ich noch einmal leben könnte, würde ich leichter reisen als bisher.

Wenn ich mein Leben noch einmal leben könnte, würde ich im Frühling früher anfangen, barfuß zu laufen, und im Herbst später damit aufhören. Ich würde öfter die Schule schwänzen. Ich würde öfter Karussell fahren. Ich würde mehr Gänseblümchen pflücken.

Wenn du dich dauernd nur schindest, vergisst du sehr bald, dass es so wunderschöne Dinge gibt wie einen Bach, der Geschichten erzählt, oder einen Vogel, der singt.«

Nadine Stair

»Das Leben kann nur rückblickend verstanden werden. Es muss aber vorausschauend gelebt werden.«

Søren Kierkegaard

Geschichte vom gehässigen Wanderer und der Kraft des Baumes

Ein gehässiger Mann kam durch eine karge Gebirgslandschaft. Er sah einige windschiefe Bäume mit nur niedrigem Wuchs. Auch ein kleines Bäumchen sah er, das erst wenige Jahre alt war. Der Mann nahm einen Stein, legte ihn auf die Baumkrone und dachte sich: Da bin ich ja mal gespannt, was für ein krummes Ding aus diesem Bäumchen wird. So ging er weiter des Wegs. Das Bäumchen ächzte und krächzte unter der schweren Last. Es war sich bewusst: Unter dieser schweren Last werde ich zusammenbrechen, wenn ich nicht andere Kraftquellen entdecke. So entschloss sich das Bäumchen, seine Wurzeln tiefer und tiefer in den kargen Boden zu graben, um einen besseren Halt bei Wind und Wetter zu finden. Als das Bäumchen seine Wurzeln immer tiefer in den Boden grub, stieß es auf Quellen, auf die es ohne Last nie gestoßen wäre. Durch das feste Wurzelwerk und die Quellen, aus denen das Bäumchen Kraft schöpfte, konnte es im Laufe der Jahre wachsen und wachsen. Ja, es wurde sogar zum größten und schönsten Baum im ganzen Gebirgstal. Den Stein in der Baumkrone spürte der stattliche Baum bald schon gar nicht mehr. Als der gehässige Wanderer nach Jahren wieder durch das Tal kam, erinnerte er sich an den Stein, den er auf den kleinen Baum gelegt hatte. Als der Wanderer an der Stelle stand und nur den stattlichen Baum vorfand, sagte dieser: Danke für die Last, die du mir damals auferlegt hast. Deine Last hat mich stark gemacht!

Im Kaunertal

Zum Nachdenken

Es gibt eine Vielzahl an Lasten: Belastungen etwa, die durch das familiäre Umfeld oder durch die Arbeitswelt entstehen. Lasten, die Ihnen andere auflegen und die Sie tragen. Viele hadern mit ihrem Aussehen und ihren Begabungen und klagen darüber, dass ihnen einige Dinge schwerer fallen als anderen.

– Welche Lasten wurden Ihnen auferlegt?
– Welche davon sind Sie bereit zu tragen, und welche möchten Sie am liebsten ablegen?
– Was könnte Ihnen helfen, Lasten loszulassen?

Gebet

Guter Gott, ich trage in meinem Leben allerlei Lasten mit mir herum.

Gib mir den Mut, die Lasten abzulegen, die ich mir unnötig aufgebürdet habe.

Gib mir die Geduld, die Lasten zu tragen, die ich nicht abschütteln kann,

und schenke mir die Einsicht, das eine vom anderen zu unterscheiden.

Amen.

Ob das, was einem im Leben widerfährt, gut oder schlecht für einen ist, das lässt sich oft nur im Rückblick beurteilen.

Das will uns auch die folgende Geschichte, deren Verfasser unbekannt ist, lehren:

Ob gut oder schlecht, wer weiß das schon

Ein alter Mann lebte zusammen mit seinem einzigen Sohn auf einer kleinen Farm. Sie besaßen nur ein Pferd, mit dem sie die Felder bestellen konnten, und kamen gerade so über die Runden.

Eines Tages lief das Pferd davon. Die Leute im Dorf kamen zu dem alten Mann und riefen »Oh, was für ein schreckliches Unglück!« Der weise alte Mann erwiderte aber mit ruhiger Stimme: »Ob gut oder schlecht, wer weiß das schon?«

Eine Woche später kam das Pferd zurück und führte eine ganze Herde wunderschöner Wildpferde mit auf die Koppel. Wieder kamen die Leute aus dem Dorf: »Was für ein unglaubliches Glück!« Doch der alte, weise Mann sagte wieder: »Ob gut oder schlecht, wer weiß das schon?«

In der nächsten Woche machte sich der Sohn daran, eines der wilden Pferde einzureiten. Er wurde aber abgeworfen und brach sich ein Bein. Nun musste der alte Mann die Feldarbeit allein bewältigen. Und die Leute aus dem Dorf sagten zu ihm: »Was für ein schlimmes Unglück!« Die Antwort des alten Mannes war wieder: »Ob gut oder schlecht – wer weiß das schon?«

In den nächsten Tagen brach ein Krieg mit dem Nachbarland aus. Die Soldaten der Armee kamen in das Dorf, um alle kriegsfähigen Männer einzuziehen. Alle jungen Männer des Dorfes mussten an die Front, und viele von ihnen starben. Der Sohn des alten Mannes aber konnte mit seinem gebrochenen Bein zu Hause bleiben.

»Ob gut oder schlecht – wer weiß das schon?«
Geschichte aus China

Pausen machen

Pause

Ich bin ausgelaugt.

Ich will neue Kraft schöpfen.

Ich spüre, eine Pause tut mir gut.

Einfach dasitzen und nichts tun.

Dabei geschieht doch so viel.

Ich schaue und lasse die Berglandschaft auf mich wirken.

Ein Augenblick, wo ich ins Staunen komme und Dankbarkeit verspüre.

Dankbarkeit gegenüber wem? Gegenüber der Natur oder vielleicht doch gegenüber dem Schöpfer?

Pause – ich tue nichts, und trotzdem geschieht etwas mit mir.

Ich sammle Kräfte für einen neuen Aufbruch.

Vielleicht packe ich auch mein Vesper aus. Ich esse und trinke etwas.

In den Bergen schmeckt es doppelt gut – auch ohne Lachs und Kaviar.

Spüren, dass man wieder zu Kräften kommt ...

Dann nach einer Weile ist es Zeit, wieder aufzubrechen.

Jeder braucht mal eine Pause – der eine früher, der andere später. Pausen geben Kraft. Doch das, was beim Bergsteigen eine Binsenwahrheit ist, ist im Alltagsleben keine Selbstverständlichkeit. Wir rasen durch das Leben, jagen von Termin zu Termin, von Tag zu Tag. Doch wer ständig in Bewegung ist, wem die Bodenhaftung fehlt, dem rutscht auch leicht der Boden unter den Füßen weg. Gerade deshalb ist es so wichtig, von Zeit zu Zeit innezuhalten, nachzudenken über das, was war, und Ausschau zu halten nach dem, was kommt.

Wenn man in den Bergen unterwegs ist, dann zeigt es einem der Körper an, dass man eine Pause braucht. Wenn man unterwegs durchs Leben geht, fehlen diese Mechanismen oder sie zeigen sich viel zu spät bei Burnout oder Herzinfarkt. Deshalb ist es wichtig, dass ich mir selber bewusst solche Auszeiten setze – regelmäßig.

In der Kirche gibt es eine gute Tradition eines solchen Kraftschöpfens – sie heißt »Abendliche Gewissenserforschung«. Damit ist gemeint, dass ich mir am Abend bewusst Zeit nehme und in Gedanken den Tag an mir vorbeiziehen lasse. Wenn ich das ernsthaft mache, dann kommen nicht nur angenehme und schöne Erinnerungen hoch, sondern auch Dinge, die mich oder andere verletzen, die wehtun. Die Gefahr ist groß, dies nicht zuzulassen, sich lieber zurieseln zu lassen am Fernseher bei einer Flasche Bier. Doch wirklich Kraft holen hat auch einen Preis.

Zum Nachdenken

Nehmen Sie sich 20 Minuten Zeit, setzen Sie sich an eine Stelle, die Ihnen gut tut, seien Sie einfach nur mal da. Lassen Sie in Gedanken die letzte Woche an sich vorüber ziehen.

- Welchen Menschen sind Sie begegnet?
- Wie sind Sie mit Ihnen umgegangen?
- Wo wurden Sie von anderen verletzt?
- Was würden Sie gerne anders machen?

Mir tut es gut, wenn ich mit meinen Gedanken nicht allein bin. Ich darf das, was mich beschäftigt, vor Gott hinhalten:

Gebet

Du, Gott, kennst mein Innerstes. Heile das, was verletzt ist. Hilf mir zu einem versöhnten Umgang mit meinen Mitmenschen.

Amen.

Auf dem Weg zur Serles, Tirol

Schönes sehen

Kraft schöpfen, wenn ich Pause mache, das gelingt auch, wenn ich bewusst die schönen Momente in mein Leben hereinhole. In den Bergen gelingt dies ganz einfach. Ich muss nur mein Herz aufmachen, die herrlichen Blumen anschauen, dem Plätschern des Baches zuhören oder die Erhabenheit der Berge bewundern. Ich gehe als anderer Mensch weiter, als beschenkter Mensch, als reicherer Mensch.

Das, was in den Bergen gut tut, das tut mir auch zu Hause gut. Gerade dann, wenn mich der Alltag fest im Griff hat. Dann ist es wichtig, dass ich mir Zeit nehme, bewusst die schönen Dinge gedanklich hereinhole:

– Was hat mir letzte Woche gut getan?
– Wer hat mir ein Lächeln geschenkt?

Diese positiven Erinnerungen geben mir Kraft zum Weitergehen, und sie helfen mir, Schwierigkeiten durchzustehen. Sie machen mich zu einem erfüllteren, zu einem zufriedeneren Menschen.

Blumenwiesen

In ursprünglicher Natur
leuchtende Farben
überwältigende Vielfalt und Pracht
Lob sei dem Schöpfer
seiner Größe
und Macht.

Werner Ponath

»Die Berge lassen uns staunen. Der wahre Segen der Berge liegt nicht darin, dass sie eine Herausforderung oder eine Arena für uns sind. Sie bieten etwas Sanfteres und unendlich Machtvolleres: Sie fördern unsere Bereitschaft, Wunder anzuerkennen.«

Robert Macfarlane, englischer Schriftsteller

Heilige Ruhe in ursprünglicher Natur
Eindrucksvolle Bilder:
bunte Blumenwiesen
funkelnde Sterne
klare Wasserquellen …
»Einpacken«
und als Wegzehrung
in den Alltag nehmen

Werner Ponath

Erfrischende Quellen

Die faszinierendste Quelle, die ich kenne, ist die 7-Gründl-Quelle etwa 10 Minuten unterhalb des Klosters Maria Waldrast in den Stubaier Alpen. Wie aus dem Nichts quillt aus den verschiedensten Stellen Wasser aus Steinen und dem Erdreich hervor und vereinigt sich in kürzester Zeit zu einem rauschenden Gebirgsbach. Wer an einer solchen Quelle vorbeikommt, kommt nicht umhin, innezuhalten und zu staunen über dieses Wunder der Natur.

Wasser – eines der Grundelemente des Lebens. Wie wichtig Wasser für uns ist, hat sicher jeder schon erfahren, der auf einer langen Gebirgstour ist, wenn die eigenen Wasservorräte aufgebraucht sind. Wie sehnt man sich nach einem Schluck Wasser, nach einer Quelle, nach einem Bach. Wasser als ein Grundelement des Lebens ist zum Sinnbild geworden für alles, wonach wir Menschen dürsten.

Sie sind eingeladen, sich an einem Bach, einer Quelle niederzusetzen, dem Rauschen des Wassers zu lauschen, sich mit dem Wasser zu erfrischen, indem Sie Gesicht, Hände und Füße damit abkühlen. Spüren Sie, wie gut das Wasser Ihnen tut.

Die Frau am Jakobsbrunnen

So kam er zu einer Stadt in Samarien namens Sychar in der Nähe des Grundstücks, das Jakob seinem Sohn Josef geschenkt hatte. Dort war der Jakobsbrunnen. Jesus, müde von der Wanderung, ließ sich am Brunnen nieder. Es war ungefähr die sechste Stunde.

Da kam eine samaritische Frau, um Wasser zu schöpfen. Jesus sagte zu ihr: Gib mir zu trinken! Seine Jünger waren nämlich in die Stadt gegangen, um Lebensmittel einzukaufen. Da sagte die Samariterin zu ihm: Wie kannst du, ein Jude, von mir, einer Samariterin, zu trinken verlangen? Juden verkehren nämlich nicht mit den Samaritern. Jesus antwortete ihr: Wenn du die Gabe Gottes kennen würdest und wer es ist, der zu dir sagt: Gib mir zu trinken!, dann hättest du ihn gebeten, und er hätte dir lebendiges Wasser gegeben. Sie sagte zu ihm: Herr, du hast kein Schöpfgefäß, und der Brunnen ist tief. Woher hast du also das lebendige Wasser? Du bist doch nicht größer als unser Vater Jakob, der uns den Brunnen geschenkt und selbst daraus getrunken hat samt seinen Kindern und seinen Herden? Jesus antwortete ihr: Jeder, der von diesem Wasser trinkt, wird wieder Durst bekommen. Wer aber von dem Wasser trinkt, das ich ihm geben werde, wird in Ewigkeit nicht mehr Durst haben; vielmehr wird das Wasser, das ich ihm gebe, in ihm zu einer Quelle werden, deren Wasser in das ewige Leben sprudelt. Da sagte die Frau zu ihm: Herr, gib mir dieses Wasser, damit ich keinen Durst mehr habe und nicht mehr hierher zu kommen brauche, um zu schöpfen.

Joh 4,5–15

Zum Nachdenken

Womit versuchen und versuchten Sie, Ihren Lebensdurst zu löschen?

Waren Ihre Versuche hilfreich?

Jesus bietet auch Ihnen persönlich dieses Wasser des Lebens an:

»Wer aber von dem Wasser trinkt, das ich ihm geben werde, wird in Ewigkeit nicht mehr Durst haben; vielmehr wird das Wasser, das ich ihm gebe, in ihm zu einer Quelle werden, deren Wasser in das ewige Leben sprudelt.« (Joh 4,14)

Er bietet Ihnen an, Ihren Lebensdurst für immer zu stillen – mit seiner Liebe, seiner Nähe, seiner Gegenwart. Sie sind eingeladen zu einem inneren Gespräch mit Jesus!

ÜBUNG

Stellen Sie sich innerlich vor, wie Sie Augenzeuge des Gesprächs am Jakobsbrunnen sind. Wie Sie alles beobachten und wie Sie dem Gespräch lauschen. Nachdem Jesus sich mit der samaritischen Frau unterhalten hat, wendet er sich auch Ihnen zu. Auch Ihnen bietet er das »Wasser des Lebens« an. Wie geht es Ihnen dabei? Verlangen Sie nach diesem lebensspendenden Wasser, so wie es die samaritische Frau getan hat, oder bleiben Sie eher abwartend, skeptisch? Schildern Sie Jesus Ihre Bedenken, Ihre Sorgen. Was hält Sie davon ab, das Wasser des Lebens in Empfang zu nehmen? Hören Sie aber auch Jesus zu, was er Ihnen zu sagen hat.

Meditation

Nach dieser Übung sind Sie eingeladen, den nachfolgenden Textauszug aus dem Buch Jesaja, nämlich die Zusage Gottes, dass er Sie niemals im Stich lassen wird, zu meditieren.

Fürchte dich nicht,
denn ich rufe dich beim Namen.
Mein bist du.
Gehst du durch das Wasser,
ich bin bei dir,
durch Ströme,
sie werden dich nicht überfluten.
Denn ich, Jahwe, bin dein Gott,
der Heilige Israels ist dein Helfer.
Fürchte dich nicht,
denn ich bin mit dir.

Jes. 43 (Auszug)

Hinweis für Gruppen

Es bietet sich an, dass die Gruppenmitglieder nach und nach in einen Bach oder eine Quelle steigen und dass dann über die einzelnen Teilnehmer die Zusage aus Jesaja gesprochen wird. Der Text wird persönlicher, wenn zu Beginn der Name des Betreffenden eingefügt wird. Ein Kreuzzeichen mit dem Wasser aus dem Bach kann das Ritual abschließen.

Stafelalpsee, Bregenzer Wald

Wenn es steil wird

Je nach Leistungsfähigkeit und Erfahrung steht auch mal eine schwerere Bergtour an. Eine Ausgesetzte. Eine, bei der Sicherungen sinnvoll sind. Jeder, der in solchem Gelände unterwegs ist, kennt das, die Frage: Sollen wir ungesichert weitergehen oder sollen wir uns schon anseilen? Da wird abgewogen: Zu viele Sicherungen – man braucht ewig. Man kommt nicht voran. Es macht vielleicht auch keinen Spaß, ständig zu warten.

Aber: Man kommt heil ans Ziel

Die andere Alternative: Ich geh einfach mal drauf los. Wird schon gutgehen. Man setzt auf die eigene Erfahrung. Man kommt gut voran. Aber man kann auch scheitern. Abstürzen.

Viele Bergrettungseinsätze zeigen: Nicht jeder schätzt sein Können angemessen ein.

Absicherungen

Abwägen, wie viele Absicherungen sinnvoll sind, muss ich nicht nur im Gebirge, sondern auch im Alltag. Tagtäglich hört man die Mahnung seitens der Politik, seinen Ruhestand finanziell abzusichern. Es gibt Zusatzrentenversicherungen genauso wie Arbeitslosen-, Krankheits- Unfall- oder Haftpflichtversicherungen. Letztlich wollen alle Versicherungen davor bewahren, im Ernstfall ins Nichts zu fallen. Das ist in finanzieller Hinsicht in gewissem Maß steuerbar.

Und doch muss eines klar sein: So wie man im Gebirge selbst bei der größten Vorsorge nicht alles absichern kann, so sind gerade die entscheidenden Dinge des Lebens nicht versicherbar. Ob eine Ehe gelingt nicht, ob ich geliebt werde oder nicht, oder die Beziehung zu den Kindern gut bleibt oder nicht – liegt nicht nur in meiner Hand. Zwar kann ich durch mein eigenes Verhalten gute Voraussetzungen für ein gelingendes Leben schaffen, doch bleibt alles letztlich Geschenk.

Muss ich deshalb mit schlotternden Knien den Aufstieg bewältigen? Weil alles Wesentliche trotz meines Sicherheitsbedürfnisses so unsicher ist und bleibt?

Mir selber tut auf meinem Weg die Aufforderung Jesu gut, sich nicht übermäßig auf irdische Absicherungen zu verlassen. »Sorgt euch nicht um …« irdische Dinge, mahnt uns Jesus. Entscheidend ist das Vertrauen darauf, dass unser Leben, so unterschiedlich es auch verlaufen wird, von Gottes Liebe getragen wird. Das Vertrauen auf sein Wort hilft mir ohne Angst den Aufstieg zu wagen!

Zum Nachdenken

Was für ein Typ sind Sie? Einer, der gerne viele Sicherungen einbaut, oder einer, der spontan draufloslebt?

Kann denn eine Mutter ihr Kind vergessen, eine Mutter ihren leiblichen Sohn? Und selbst wenn sie es vergessen würde, ich vergesse dich nicht! Siehe, ich habe dich eingezeichnet in meine Hände, deine Mauern habe ich immer vor Augen.

Jes 49,15

Umkehren

Da ist man extra hergefahren, hat einen langen Aufstieg hinter sich, der Gipfel ist zum Greifen nahe. Plötzlich zieht ein Gewitter auf. Bedrohlich türmen sich die Wolken auf. Donnergrollen ist zu hören. Ich weiß genau: Nicht mehr lange und der Regen wird nur noch so auf mich niederprasseln. Soll ich umkehren oder zieh ich das durch?

Der Berg ist halt zu verlockend ...

Umkehren, das gefällt uns gar nicht. Ähnliche Erfahrungen kann man auf Klettersteigen machen. Manch einer ist mit dem Schwierigkeitsgrad überfordert und denkt sich: Gleich hab ich das Schwierigste geschafft, dann wird's leichter. Aber es wird nicht leichter. Ganz im Gegenteil. Schlangen bilden sich hinter ihm. Er wird zur Belastung für die anderen. Doch für nicht wenige ist das immer noch kein Grund umzukehren. Sie gehen bis zum Äußersten, bis sie nicht mehr können – sie wissen ja: Das Handy ist dabei, und im Notfall ruft man halt die Bergwacht. Die Bergwacht kann ein Lied davon singen ... Manche fühlen sich besonders schlau. Sie meinen, querfeldein einen besseren Weg gefunden zu haben. Aber sie müssen sich irgendwann eines Besseren belehren lassen. Umkehren? Niemals. Diese Schmach, sich einen Fehler einzugestehen. Irgendwie wird man schon ans Ziel kommen ... Geschichten gibt es davon so viele, wie es Bergsteiger gibt. Wer umkehrt, nimmt in Kauf, ein sich gestecktes

Ziel nicht zu erreichen, es jedenfalls nicht an diesem Tag zu erreichen. Umkehren hat den Geschmack des Versagens an sich. Wer möchte schon gern ein Versager sein?

»Umkehren und abzusteigen ist eine der schwierigsten Entscheidungen in den Bergen. Vielleicht die schwierigste überhaupt. Ich habe lange gebraucht, bis ich das gelernt habe.«
Hans Kammerlander

Umkehren müssen wir nicht nur in den Bergen, sondern oft genug im Alltagsleben. Jeder von uns kennt Situationen, in denen er sich in etwas verrannt hat. Wo es nicht mehr möglich ist, weiterzugehen, ohne Schaden zu nehmen. Oder man macht die Erfahrung, dass sich die Umstände so verändert haben, dass ein neues Handeln notwendig ist. Doch die Art und Weise, damit umzugehen, ist je nach Person völlig unterschiedlich:

Da gibt es die einen, die geben viel zu leicht auf. Sie setzen sich große Ziele, aber scheuen die Mühe. Und so besteht das Leben oft genug aus gescheiterten Neuanfängen. Und dann gibt es die anderen, denen ein Zacken aus der Krone fällt, wenn sie einen Fehler zugeben müssen. Die lieber ein Scheitern in Kauf nehmen als umzukehren. Dazwischen gibt es unendlich viele Möglichkeiten beim Umgang mit Misserfolgen.

Wer umkehrt, hat nur auf den ersten Blick sein Ziel verfehlt. Wer umkehrt, hat die Chance auf einen Neubeginn. Wer umkehrt, fängt neu an. Das kann befreiend sein.

Eine kluge Entscheidung

Alleine bin ich unterwegs zum Gipfel.

Schrofiges Gelände. Abschüssig. Ausgesetzt.

Weit und breit keine Menschenseele zu sehen.

Ich schalte mein Handy ein, nur so zur Kontrolle.

Kann ich mich im Notfall verständigen?

Kein Empfang.

Ich bin auf mich alleine gestellt.

Warum nur ist sonst niemand unterwegs

auf dieser Tour bei so einem schönen Wetter?

Das gäbe mir Sicherheit.

Sicherheit, dass ich im Notfall nicht allein bin.

Aber so? Es ist mir etwas mulmig.

Trotzdem gehe ich weiter.

Ich überwinde einige Kletterstellen.

Nicht schwierig. Trotzdem kommen Gedanken in mir hoch:

Was ist, wenn ich abstürze?

Langsam wächst ein Entschluss in mir:

Ich kehre um!

Ich mache eine Pause.

Wäge noch einmal alles ab.

Doch die Entscheidung wird bestätigt.

Dann mache ich mich auf den Rückweg.

Irgendwie bin ich mir sicher: Das war gut so.

Und doch bin ich unzufrieden.

Ich bin so in Gedanken bei mir

und bin mir sicher: Ich komme wieder!

Aber das nächste Mal mit Seil

und mit Freunden.

Zum Nachdenken

Sie sind eingeladen, sich an einer bequemen Stelle hinzulegen, die Augen zu schließen und gedanklich Ihr Leben an sich vorbeiziehen zu lassen. Sicherlich fällt Ihnen eine Vielzahl von Situationen ein, an denen Sie umgekehrt sind oder wo Sie einen Neuanfang versäumt haben.

Was sind Sie für ein Typ von Mensch? Einer, der eher schnell – vielleicht zu schnell – aufgibt oder einer, der eher auf Teufel komm raus etwas durchziehen muss? Sind Sie mit Ihren Entscheidungen zufrieden, oder möchten Sie in Zukunft anders mit den Situationen umgehen?

»Die Berge sind nicht nur Herausforderung für mich. Sie sind auch ein Ruhepunkt. Sobald ich unterwegs bin, wird der Kopf frei. Ich gehe auf einen Gipfel, und wenn ich wieder herunterkomme, bin ich ein anderer Mensch.«

Peter Habeler, österreichischer Bergsteiger

Auf dem Grat

Endlich habe ich habe das Joch erreicht.
Ich kann einen Blick in das andere Tal
werfen. Nun geht es hinauf zum Gipfel.
Am Grat entlang.
Es gibt nur noch zwei Möglichkeiten zu
gehen:
Bergauf zum Gipfel
oder zurück ins Joch.
Manchmal wird es ausgesetzt.
Ich muss aufpassen, dass ich die Balance
halte,
dass ich nicht abstürze.
Die Enge und Geborgenheit des Tals ist
aufgehoben.
Der Blick ist frei in verschiedene
Richtungen.

Gratwanderung

Der Blick nach allen Seiten offen. Ausgesetzt der Schönheit der Natur. Ausgesetzt – auch der Gefahr. Es tut gut, den kleinen Trampelpfad
zu entdecken, der mir Orientierung
und auch ein bisschen Halt gibt.
Ein Bild für Gott? Auch er lädt uns immer wieder ein,
seinem Weg zu folgen. Unscheinbar und unaufdringlich ist sein Weg – und doch kann er Halt und Richtung
geben. Und – gehen darf ich ihn selbst.

Hans Gilg

Zum Nachdenken

Wenn ich eine Bergtour beginne, sehe ich nur die eine Seite des Berges. Oben am Grat wird der Blick frei auch für das andere. Dies kann auch ein Sinnbild für mein Leben sein: Manchmal habe ich den Blick nur für eine Seite – für meine Seite. Wenn ich in Frieden mit mir und meinen Mitmenschen leben will, tut es aber auch gut, die andere Seite nicht aus dem Blick zu verlieren.

ÜBUNG

Stellen Sie sich vor, die Person, gegen die Sie Vorbehalte haben, steht vor Ihnen. Schütten Sie Ihren ganzen Ärger über sie aus, so kräftig, wie Sie können. Nehmen Sie kein Blatt vor den Mund. Wenn Sie ihren ganzen Ärger losgeworden sind, dann – aber erst dann – betrachten Sie die Situation aus der Perspektive des Menschen, dem gegenüber Sie Groll hegen. Nehmen Sie gedanklich seinen Platz ein und erklären Sie die ganze Sache. Wie sieht die ganze Sache aus dessen Augen aus? Bedenken Sie auch, dass sehr selten jemand aus Bosheit jemanden kränkt, beleidigt oder verletzt. Oft ist eine tiefsitzende Kränkung der Grund für das Verhalten des anderen. Wechseln Sie immer wieder in Gedanken die Rolle von Ihnen und Ihrem Gegenüber. Vielleicht bringt Sie diese Übung dazu, Ihrem Mitmenschen gegenüber eher Mitleid und Erbarmen statt Wut und Hass entgegen zu bringen.

(nach Anthony de Mello)

Höhenweg zum Glatthorn, Bregenzer Wald

Vertrauen üben

Seilschaft

Aufeinander verwiesen sein.

Dem anderen zutrauen,

dass er mich hält.

Gemeinsam einen Weg gehen.

Ein Bild auch

für meine Gottesbeziehung?

Kaum sonst wo wird Vertrauen so spürbar wie bei einer Seil-schaft. Das fängt schon beim Material an. Ich muss darauf vertrauen, dass das Seil oder der Klettergurt gut verarbeitet ist und keine Fehler hat. Wenn Bergsteiger sich zum ersten Mal in ihrem Leben abseilen, dann kann man etwas spüren von diesem Vertrauen, das notwendig ist, um sich in die Tiefe zu lassen.

Genauso viel Vertrauen muss ich auch meinem Partner entgegenbringen: »Denn wir sind Brüder, Brüder auf Leben und Tod« heißt es in dem bekannten Bergsteigerlied »Wenn wir erklimmen«. Ich muss im wahrsten Sinne des Wortes darauf vertrauen können, dass mich der andere nicht hängen lässt. Ich muss darauf vertrauen, dass mich der andere rettet, wenn etwas passieren sollte.

In einer Seilschaft ist man aufeinander verwiesen, eine Schicksalsgemeinschaft, etwa, wenn man ein lawinengefährdetes Gebiet oder eine einsame Wand durchquert. Nur mit einem solchen Vertrauen ist eine Seilschaft überhaupt erst möglich. Dieses gegenseitige Vertrauen schweißt zusammen. Es ermöglicht eine tiefe Freundschaft.

Bei einer gemeinsamen Seilschaft wird augenscheinlich sichtbar, worum es grundsätzlich im Leben geht: Gelingendes Leben, ein Leben in Gemeinschaft erfordert gegenseitiges Vertrauen. Es ist wichtig, dass ich dem anderen etwas zutraue. Mit gegenseitigem Misstrauen wird keine Seilschaft gelingen. Genauso wenig werden die Seilschaften, die Beziehungen in unserer Alltagswelt gelingen, wenn ich nicht dem anderen einen Schuss Vertrauen entgegen bringe.

Meine Beziehung in der Familie, im beruflichen Umfeld, bei Freunden – sie muss von einem solchen gegenseitigen Vertrauen geprägt sein, damit Leben in Fülle möglich wird.

ÜBUNG FÜR GRUPPEN

Die Teilnehmer werden gebeten, Zweierteams zu bilden. Dann soll ein Partner seine Augen schließen (bzw. die Augen werden mit Augenbinden verbunden). Daraufhin soll der andere Partner die Person mit den geschlossenen Augen ohne Körperkontakt – nur durch mündliche Anweisungen – durchs Gelände führen. Vereinfachend kann die Person mit den geschlossenen Augen auch an der Hand geführt werden. Anschließend Partnertausch. Im Anschluss sollte ein gemeinsamer Erfahrungsaustausch erfolgen: War ich unsicher? Was gab mir Sicherheit? Die gemachten Erfahrungen können daraufhin vertiefend gedeutet werden: Wie gehe ich mit Unsicherheiten, mit Unbekanntem um? Kann ich Vertrauen aufbauen? Was gibt mir in meinem Alltagsleben Halt und Orientierung?

Kann mir der Glaube dabei eine Hilfe sein?

Gebet

Ich gehe meinen Weg durchs Leben.
Oft sehe ich nicht, wo der Weg hingeht.
Manchmal bin ich blind vor Wut,
vor Enttäuschung, vor Trauer.
Dann weiß ich nicht mehr,
welche Schritte ich tun soll.
Guter Gott,
ich bin froh, dass es dich gibt.
Dir vertraue ich.
Nimm mich an meine Hand.
Führe du mich sicher ans Ziel.
    Amen.

»Ich muss in meinem Leben gar nicht perfekt sein. Ich tue das, was in meiner Kraft liegt. Aber ich bin auch mit meiner Schwäche in Gottes Hand. Gott wird mich nicht fallenlassen.«

Anselm Grün

III. Gipfelerfahrungen

Auf dem Gipfel – du bist am Ziel. Während des Aufstiegs hat sich der Blick immer mehr geweitet. Nun hast du den Überblick, den Fernblick. Überwältigend.

Die Anstrengung ist an ihr Ende gekommen. Jetzt heißt es erst einmal: Nichtstun, den Augenblick genießen, einfach da sein.

Ein Gefühl des Glücks – du hast es geschafft!

»Wir steigen nicht auf Berge, um Gipfel zu erreichen, sondern heimzukehren in eine Welt, die uns als neue Chance, als ein nochmals geschenktes Leben erscheint.«
Reinhold Messner

Gipfelglück

Wenn man Gipfelglück verspürt, dann möchte man dieses Glück festhalten. Viele Bergsteiger machen deshalb auf dem Gipfel Fotos. Andere verewigen sich durch eine Unterschrift im Gipfelbuch.

Den Wunsch, das erlebte Gipfelglück festzuhalten, hatten auch die besten Freunde Jesu, die er auf eine Bergtour mitgenommen hat:

Sechs Tage danach nahm Jesus Petrus, Jakobus und Johannes beiseite und führte sie auf einen hohen Berg, aber nur sie allein. Und er wurde vor ihren Augen verwandelt; seine Kleider wurden strahlend weiß, so weiß, wie sie auf Erden kein Bleicher machen kann. Da erschien vor ihren Augen Elija und mit ihm Mose, und sie redeten mit Jesus. Petrus sagte zu Jesus: Rabbi, es ist gut, dass wir hier sind. Wir wollen drei Hütten bauen, eine für dich, eine für Mose und eine für Elija.

frei nach Lk 9, 2-5

Der Mensch braucht Hoch-Zeiten. Von der Höhe aus wird der Alltag gedeutet und gewinnt an Bedeutung. Es ist wunderbar: ein Augenblick ohne Anstrengung, Entbehrung. Das Glück genießen. Einfach da sein. So ging es auch den dreien. Sie wollten das Glück festhalten. »Lasst uns hier drei Hütten bauen« – Auch in den Bergen möchten die Menschen ihr Glück, ihr Erlebtes festhalten.

Zum Nachdenken

Wir wollen uns Zeit nehmen, das, was wir hier angesichts des Gipfels erleben, festzuhalten. Wenn Sie nicht der Einzige auf dem Gipfel sind, bietet es sich an, sich etwas abseits zu setzen, an einen Ort, wo Ruhe ist. Nehmen Sie sich Zeit, den Augenblick, die Ruhe, die Sicht, den Erfolg zu genießen. Wenn Sie möchten, können Sie anschließend einen Stift und ein Papier zur Hand nehmen und die Gedanken, die Ihnen durch den Kopf gehen, niederschreiben: »Wenn ich auf dem Gipfel bin ...«

Welche Gedanken gehen Ihnen durch den Kopf, wenn Sie auf dem Gipfel sind?

ÜBUNG FÜR GRUPPEN

Wenn man Gipfelbücher durchschaut, dann sieht man neben der Unterschrift häufig auch allerlei Kommentare: Manchmal ist ein lustiger Spruch dabei, manchmal auch Dank gegenüber dem Schöpfer. Als Gruppe kann man in Anlehnung an diese Erfahrung auch in Ruhe ein eigenes Gipfelbuch gestalten, das man zuvor leer auf den Gipfel mit hinaufnimmt. Die Teilnehmer sind eingeladen, in dieses Gipfelbuch ihre Gipfelerfahrung, ihren Dank hineinzuschreiben. Es bietet sich an, etwas unterhalb des Gipfels Platz zu nehmen, damit in Ruhe – ohne die Unterhaltung von übrigen Bergsteigern, die ebenfalls am Gipfel sind – die eigenen Gedanken formuliert werden können.

Wenn man als Gruppe zusammen besinnliche Tage verbringt, bietet sich auch ein Gipfelgottesdienst an. Der Evangelientext und die oben genannte Übung können dabei gut in den Gottesdienstablauf einfließen. Aus den Gedanken: Wenn ich auf dem Gipfel bin ... können auch spontan in den Fürbitten Dank und Bitte formuliert werden.

Gipfel des Riedberger Horns

Staunen und Danken

Berge sind ein Ort, wo der Mensch klein und die Natur groß ist.

Es gibt so vieles, was man in den Bergen als staunenswert entdecken kann – etwa, wenn man sieht, wie ein Aurikel sich auch in der kleinsten Felsspalte niedergelassen hat und eine wunderschöne Blüte entfaltet.

Oder wenn man beobachtet, mit welcher Geschmeidigkeit Gämsen über steiles Gelände gehen.

Wer staunt, wird dankbar.

Mit Psalmen danksagen

Menschen zu allen Zeiten sind ins Staunen geraten über diese wunderbare Welt. Sie sagten sich: Wir Menschen haben diese wunderbare Welt nicht hervorgebracht, und auch Tiere sind nicht zu einer solchen Leistung fähig. Die Schöpfung braucht also einen Schöpfer. Und so haben sie ihren Dank gegenüber dem Schöpfer zum Ausdruck gebracht.

Nachfolgend finden Sie einige dieser Danksagungen, die nun schon über zweieinhalbtausend Jahre alt sind:

Preise, meine Seele, den Herrn, Herr, mein Gott, wie bist du überaus groß!
Du bist es, der die Quellen ergießt in die Bäche, durch die Berge rauschen sie hin.
Zu trinken geben sie allen Tieren des Feldes.

Psalm 104, 1.10f

Kommt, fallt nieder und betet ihn an! Beugt die Knie vor unserem Schöpfer, dem Herrn!

Psalm 95,6

Alles, was Atem hat, lobe den Herrn!

Psalm 150,6

Denn tausend Jahre sind vor dir wie der gestrige Tag, der verging.

Psalm 90,4

Wie vielgestaltig sind deine Werke, o Herr! Alles hast du geschaffen in Weisheit, erfüllt ist die Erde von deinen Geschöpfen.

Psalm 104,24

Ehe sich hoben die Berge, ehe die Erde entstand und die Welt, von Ewigkeit bist du, o Gott, bis in Ewigkeit.

Psalm 90,2

Die Herrlichkeit des Schöpfers

Herr, unser Gott! Wie wunderbar ist auf der ganzen Erde dein Name! Deine Herrlichkeit hast Du ausgebreitet über die Himmel.

Aus dem Mund der Kinder und Kleinen hast du dir ein Bollwerk bereitet, zu beschämen die Feinde; Widersacher und Gegner müssen verstummen.

Ich schaue den Himmel, das Werk deiner Finger, den Mond und die Sterne, die du geschaffen.

Was ist der Mensch, dass du seiner gedenkst! Des Menschen Sohn, dass du Sorge trägst um ihn!

Du hast ihn nur wenig unter die Engel gestellt, hast ihn gekrönt mit Ehre und Herrlichkeit.

Du hast ihm Macht gegeben über das Werk deiner Hände, alles hast du ihm zu Füßen gelegt:

All die Schafe und Rinder und die Tiere des Feldes, die Vögel des Himmels und die Fische im Meer und alles, was dahinzieht die Pfade der Meere. Herr, unser Gott!

Wie wunderbar ist auf der ganzen Erde dein Name!

Psalm 8

ÜBUNG FÜR GRUPPEN

Die Psalmen können auch ausgedruckt und einzeln in die Mitte gelegt werden, sodass sich jeder den Psalmtext nehmen kann, der ihn besonders anspricht. Die Teilnehmer sind eingeladen, jeweils nach einer kurzen Stille ihren Psalmtext den anderen vorzutragen.

Zum Nachdenken

Lesen Sie sich die Psalmen in Ruhe durch. Wenn Sie möchten, können Sie nun einen davon als Dankgebet sprechen.

Gerne können Sie auch ein eigenes Psalmgebet schreiben. Inspirieren lassen können Sie sich dabei zum Beispiel von der folgenden Psalmübertragung:

Psalm 121
Meine Zuversicht

Ich suche Gott auf den Bergen – wird er mir
dort entgegenkommen?
Woher kommt mir Hilfe?

Meine Hilfe kommt von ihm,
der nicht nur auf den Bergen wohnt,
mein Gott hat alle Himmel und Welten geschaffen,
und wenn ich ihn bitte, so ist er anwesend und hilft.

Ich suche Gott in der Natur – wird er mir
dort begegnen?
Woher kommt mir Hilfe?

Meine Hilfe kommt von ihm,
der sich nicht nur um den Himmel sorgt,
mein Gott sieht auch meine Schritte hier auf Erden,
und wenn ich falle, so richtet er mich nicht.
Er richtet mich wieder auf.

Ich suche Gott im Himmel und auf Erden –
wo werde ich ihn finden?
Wer kann mir meinen Weg zeigen?

Meine Hilfe kommt von ihm,
der nicht schläft oder müde wird.
Mein Gott behütet mich Tag und Nacht,
und wenn ich zum Leben keine Kraft mehr habe,
spricht er mir neuen Mut zu.

Meine Hilfe kommt von Gott,
den ich bitte, der mich tröstet,
der mein Leben behütet heute und in aller Zukunft.
   Uwe Seidel

Abstieg

So schön es auch auf dem Gipfel ist – der Abstieg muss folgen. Auch die besten Freunde von Jesus haben auf dem hohen Berg ihre Hütten nicht gebaut. Sie mussten wieder hinunter in die Alltagswelt. Jeder von uns hat seine Gipfelerlebnisse. Man kann sie nicht festhalten, aber man kann sie bewahren. Man muss wieder hinab in die Niederungen der Alltagstäler. Doch die Gipfelerlebnisse können den Alltag prägen. Wenn man immer nur im Tal ist, fehlt einem der Überblick, der Blick fürs Ganze. Erst wenn man hinaufsteigt auf den Gipfel, bekommt man den Überblick. Alles gehört zusammen:

Aufstieg – Gipfel – Abstieg.

»Der wichtigste Gedanke auf dem Gipfel gilt dem Weg nach unten.«

Reinhold Messner

»Der Mensch kann wohl die höchsten Gipfel erreichen, aber verweilen kann er dort nicht lange.«

George Bernard Shaw

Wanderer am Gafierjoch, Schafberg bei Gargellen, Vorarlberg

IV. Im Jahreskreis

Frühling

Wärmende Sonnenstrahlen.
Langsam, aber stetig
schmelzen Schnee und Eis.
Das erste satte Grün wird sichtbar.
Kaum der Eiseskälte entronnen
wachsen überall
zarte kleine Blumen hervor.
Noch umgeben von
lebensfeindlichen Gewalten.
– Ein Wunder der Natur.

Das Wunder des Frühlings
kann auch in mir Wirklichkeit werden.
Was erstarrt ist, kann zum Leben erwachen.

Frühling kommt von ganz alleine,
wenn ich die wärmenden Sonnenstrahlen
von kleinen Gesten
von Versöhnung
von Vertrauen
in mir zulasse.

Sommer

Der Schnee ist weg.
Die Wege sind frei.
Die Schutzhütten haben geöffnet.
Zeit der großen Touren.

Zeit meines Lebens
Zeit, um Träume
Wirklichkeit werden zu lassen.

Auch für die großen Dinge
gibt es ein Zeitfenster
– den Sommer.
Ich bin eingeladen,
die Zeitfenster, die mir das
Leben schenkt,
zu nutzen.

Blick vom Sellajoch auf die Langkofelgruppe

Herbst

Ein faszinierendes Schauspiel. Wenn man im Herbst, wenn die Tage schon kürzer werden, den Murmeltieren zuschaut, kann man beobachten, wie sie sich auf die Ruhezeit des Winters vorbereiten: Sie fressen sich Vorräte an.

Was Murmeltiere, Eichhörnchen und viele andere Tiere instinktiv richtig machen, ist auch für uns Menschen wichtig: Vorräte sammeln, sich absichern. Das ganze Versicherungswesen und das Bankgeschäft leben davon. Auch wenn uns Jesus vor zu viel Absicherungsmentalität im materiellen Sinn warnt (»Sammelt euch nicht Schätze auf der Erde, wo Motte und Wurm sie zerstören«, Matth. 6, 19), so ist doch auch wahr, dass Vorräte wichtig sind, um karge Zeiten durchzustehen.

Jesus ist nicht gegen das Vorräte sammeln an sich, ganz im Gegenteil: Er wünscht sich, dass wir uns Vorräte schaffen, die uns auch dann noch nähren, wenn die materiellen Vorräte längst aufgebraucht sind und rät: »Sammelt euch Schätze im Himmel.« (Matth., 6,20).

Zum Nachdenken

Welche Vorräte haben Ihnen geholfen, Krisenzeiten zu bewältigen?

Welche Vorräte möchten Sie sammeln, um karge Zeiten durchzustehen?

Winter

Nirgendwo sonst kann man Stille und Ruhe mehr erfahren als im Winter im Gebirge. Abseits von Skipisten und Skirouten ist die Natur vollkommen unberührt. Der Schnee hat ein dickes weißes Kleid über die Landschaft gezogen. Alles ruht. Der Natur tut diese Ruhe gut.

Ruhezeiten – Zeiten, in denen scheinbar nichts geschieht, braucht jede Pflanze, jedes Tier – auch der Mensch. Es ist die Zeit, in der die Pflanzen wieder Kräfte sammeln für ein neues Aufblühen im Frühling und Sommer.

Wir Menschen können vom Winter in den Bergen lernen. In unserer Gesellschaft wird es häufig als negativ angesehen, wenn etwas brachliegt. Was brachliegt, muss aktiviert werden. Leistungsmaximierung bedeutet, dass Zeit genutzt werden muss. Und dennoch gilt: Was wirklich dauerhaft wachsen und aufblühen will, braucht Zeit. Es braucht Ruhezeiten, in denen neue Kräfte gesammelt werden. Wer ohne Rast und ohne Zeiten der Ruhe immerzu etwas leistet, wird bald ausgepowert und ausgelaugt, genauso wie die Böden in der Landwirtschaft, wenn sie übernutzt werden.

Der Winter ist eine Einladung an uns, es der Natur gleich zu machen, sich Ruhephasen und Phasen der Orientierung zu gönnen.

Spuren im Schnee

Ich hatte einmal einen Traum. Im Traum sah ich mich und Gott auf einem riesigen Schneefeld laufen. Ich sah zwei Spuren, die von mir und neben mir die von Gott. In meinem Traum sah ich mich einen sehr langen Weg durch das Schneefeld laufen – es war mein Lebensweg. Ich sah schöne und eher schwierige Momente vorbeiziehen.

Eines fiel mir jedoch auf: Überall dort, wo ich es in meinem Leben schwer hatte, sah ich nur eine Spur. Entrüstet sagte ich zu Gott: Überall auf meinem Lebensweg sehe ich zwei Spuren. Doch dort, wo ich schwierige Situationen zu bewältigen hatte, da hast du mich im Stich gelassen, da sehe ich nur eine Spur.

Doch Gott entgegnete liebevoll: Nein, du täuschst dich. Überall dort, wo du nur eine Spur siehst, habe ich dich auf meinen Händen getragen!

(inspiriert von Margaret Fishback Powers Gedicht »Spuren im Sand«)

Zum Nachdenken

Wer hat in meinem Leben Spuren hinterlassen? Verletzende, heilende?

Wem möchte ich in Stille danke sagen oder ihn um Verzeihung bitten?

ÜBUNG FÜR GRUPPEN

Es bietet sich an, die Geschichte »Spuren im Schnee« bei einer Schneefeldüberquerung zu erzählen. Man kann an jeden Teilnehmer Kerzen austeilen (am besten mit Windschutz). Jeder, der möchte, kann in Stille Kerzen des Danks oder der Bitte in seine Fußspuren stellen.

Vom Hohen Kasten Richtung Altmann, Appenzeller Land

IV. Nachklang

Der große Berg

Einen ganzen Tag lang im Sommer
warteten fünfzig Urlauber
eines Busses aus Flensburg am Großglockner,
um diesen zu sehen.
Sie sahen indessen nur Nebel
und Wolken und graues Geröll
und ein wenig Schnee.
So sehr sie auch schauten mit Augen und Gläsern,
es war nichts zu sehn. –
Und sie trafen zwei Damen aus Tilburg in Holland,
die schon drei Wochen schauten und schauten
auf Geröll und Gewölk,
aber vom Berg nichts zu sehn.
Jedoch zu zweifeln
an diesem Berg,
an seinem realen Vorhandensein,
sah keiner sich abends genötigt,
als sie den Bus dann bestiegen.

Selbst Herr Koch,

der ansonsten nur glaubt, was er sieht (mit eigenen Augen),

sonst nichts,

hatte fünf Ansichten des großen Glockners in Farben gekauft

und schrieb hinten drauf von unvergesslichen Eindrücken.

Und hatte selber gar nichts gesehn

als Nebel.

Und zweifelte doch nicht

an dem großen Berg.

Lothar Zenetti

Großglockner im Nebel

V. Anhang

Klöster in den Bergen

Kloster Maria Waldrast (A)

Maria Waldrast, auf 1600 m Seehöhe gelegen, ist ein alter Marienwallfahrtsort Tirols, wo bis heute jeden ersten Sonntag im Monat Nachtwallfahrten durchgeführt werden. Das Kloster, welches aus nur zwei Mönchen besteht, wird vom Servitenorden geführt. Das Essen ist sehr gut. Alle Zimmer sind mit Nasszelle ausgestattet.

Vom Kloster aus lassen sich eine Vielzahl von meditativen Wanderungen – etwa der Schöpfungsweg oder der Weg zu der Siebengründlquelle – unternehmen. Es ist auch Ausgangspunkt für die Besteigung der Serles, dem »Altar Tirols«. Zum Kloster Maria Waldrast gelangt man über eine Mautstraße, die direkt von Matrei im Wipptal zur Wallfahrtsstätte führt.

Telefon: 0043/52736219
Homepage: http://www.mariawaldrast.at/

Kloster St. Georgenberg (A)

Dieses Kloster ist das Ursprungskloster der Fiechter Benediktiner. Es wurde im Jahr 950 gegründet und liegt ebenfalls in

Tirol. Eine steile Straße führt hinauf auf den Georgenberg, einer alten Wallfahrtsstätte Tirols, die letzte Viertelstunde muss man allerdings zu Fuß gehen. In Georgenberg selbst leben keine Mönche mehr, es ist vielmehr eine Außenstelle des Klosters Fiecht. Von dort aus kommen auch Padres zu den täglichen Hl. Messen. Es besteht allerdings die Möglichkeit, im Refugium des alten Klosters zu übernachten. Ansprechpartner ist Pater Raphael Klaus Gebauer OSB, Telefon: 00 43/5 24 26 37 86.

Auch in der nunmehr privat geführten Klostergaststätte besteht die Möglichkeit zur Nächtigung.

Homepage: http://www.wallfahrtsgasthaus-st-georgenberg.at/
Hinweis: Auf dem Georgenberg finden von Mai bis Oktober Nachtwallfahrten statt, und zwar an jedem 13. des Monats.

Kloster Maria Luggau (A)

Es befindet sich auf 1170 m Seehöhe im Lesachtal im Grenzgebiet von Kärnten und Tirol. Jahr für Jahr pilgern etwa 40.000 Gläubige zum Gnadenbild Maria Luggau. Das Kloster wird ebenfalls von den Serviten geleitet. Übernachtungsmöglichkeiten bestehen im an den Klosterkomplex angefügten Bildungshaus. Ansprechpartner hierfür ist der Pater Prior, Telefon: 00 43/47 16 60 10.

Homepage: http://www.maria-luggau.at/klosterurlaub.maria-luggau.at/

Propstei St. Gerold (A)

Die Propstei St. Gerold wurde im 11. Jahrhundert gegründet und gehört seit dem 13. Jahrhundert zum Kloster Einsiedeln. Sie liegt in schöner Natur im UNESCO-Biosphärenpark im Großen Walsertal in Vorarlberg.

Telefon: 00 43/55 50 21 21
Homepage: http://www.propstei-stgerold.at/zimmer-und-restaurant-htm

Kloster St. Johann in Müstair (CH)

Das schon zur Zeit Karls des Großen gegründete Kloster St. Johann in der östlichsten Gemeinde der Schweiz steht unter dem Schutz des UNESCO-Weltkulturerbes. Seit über 800 Jahren ist das Kloster ein Frauenkonvent, das zur Zeit aus acht Benediktinerinnen besteht.

Neben dem Gästehaus des Klosters kann man auch in einer höher gelegenen Maiensäss nächtigen. Ansprechpartner ist Schwester Pia Willi, Telefon: 00 41/8 18 51 62 23.

Homepage: http://www.muestair.ch/zu-besuch/gaestehaus-und-maiensaess/

Kloster Disentis (CH)

Das Benediktinerkloster in Disentis liegt im hintersten Rheintal, es beherbergt neben einem Gymnasium unter anderem einen Gästetrakt. Je nach Wunsch kann man auch am Leben der Mönche beteiligt werden bzw. sich spirituell begleiten lassen.

Telefon: 00 41/8 19 29 69 00
Homepage: http://kloster-disentis.ch/ora/kloster-auf-zeit/

Dominikanerinnenkloster Ilanz (CH)

Das Kloster liegt etwas oberhalb des 2500 Menschen zählenden Städtchens Ilanz im Bündnerland.

Beim Kloster der Dominikanerinnen in Ilanz gibt es sowohl die Möglichkeit, im Haus der Begegnung für eine oder mehrere Tage zu nächtigen, wie auch die Möglichkeit des »Time out«. Männer und Frauen, die sich für eine bestimmte Zeit aus dem Alltag zurückziehen möchten, finden hier den entsprechenden Rahmen: Eine feste Tagesstruktur, die gleichzeitig Raum und Zeit lässt für eine persönliche Gestaltung der Auszeit. Es bieten sich Wanderungen in der von der UNESCO zum Weltnaturerbe erhobenen Rheinschlucht Ruinaulta an. Für die Besteigungen der Bündner Berge sind Bergbahnen bzw. Postauto empfehlenswert.

Telefon: 00 41/8 19 26 95 40
Homepage: www.kloster-ilanz.ch

Augustinerchorherren Großer St. Bernhard (CH)

Am 2500 m hoch gelegenen großen St. Bernhard befindet sich seit dem 11. Jahrhundert ein Hospiz, welches von einer kleinen Gemeinschaft der Augustiner Chorherren geleitet wird. Berühmt wurde das Kloster durch die Züchtung der Bernhardinerhunde.

Nächtigungen sind sowohl im Matratzenlager wie in Zimmern möglich.

Telefon: 0041/2 77 87 12 36
Homepage: http://www.aubergehospice.ch/

Maria Weißenstein (I)

Maria Weißenstein ist der bedeutendste Wallfahrtsort Südtirols. Auf 1520 m Höhe gelegen, hat man vom Kloster aus einen Blick auf Schlern, Latemar, Rosengarten und Ortler. Es wird vom Servitenorden betreut. Eine Pilgerherberge ist dem Kloster angeschlossen.

Telefon: 00 39/04 71 61 51 24
Homepage: http://www.weissenstein.it/deu/

Abtei Marienberg (I)

Die mächtige Abtei Marienberg ist seit über 900 Jahren ein Benediktinerkloster. Sie thront über dem oberen Eisacktal auf 1340 m Seehöhe und ist damit die höchstgelegene Benediktinerabtei Europas. Sie ist Ausgangspunkt für zahlreiche Wanderungen und Bergtouren – etwa dem Stundenweg, welcher das Kloster mit dem schweizerischen Benediktinerinnenkloster in Müstair verbindet. Ein Gästetrakt ist dem Kloster angeschlossen.

Telefon: 00 39/04 73 84 39 80
Homepage: http://www.marienberg.it/de/

Kloster Ettal (D)

Die berühmte Benediktinerabtei in Ettal beherbergt nach dem Motto »ora et labora« eine Vielzahl von klösterlichen Betrieben, so etwa ein Klosterhotel, einen Klostermarkt, eine Gärtnerei, Käserei und ein Museum. Auch eine Schule mit Internat gehören dazu. Auf 877 m Höhe gelegen sind Bergtouren bis auf 2100 m Höhe sowie Wanderungen – etwa nach Linderhof – möglich.

Telefon: 00 49/08 82 27 40
Homepage: http://www.abtei.kloster-ettal.de/

Kloster Maria Waldrast, Stubaier Alpen

Lesetipps

Michael Albus (Hrsg.): Stundenbuch der Berge. Mit Fotos von Torsten Andreas Hoffmann, Kreuz-Verlag, Stuttgart 2003

Anthony de Mello: Meditieren mit Leib und Seele. Neue Wege der Gotteserfahrung, Butzon & Bercker, Kevelaer 2008

Vreni und Bruno Dörig-Hug: Brachzeit. Vom Winter lernen. Ein Einkehrbuch, Eschbach Verlag, Eschbach/Markgräflerland, 1995

Willi Hoffsümmer: Gottes Spur in der Schöpfung. 200 Ideen für Feriengottesdienste und Freizeiten, Matthias-Grünewald-Verlag, Mainz 1993

Petra Kummermehr (Hrsg.): Entdecke die Quellen des Lebens. Texte zum Innehalten, Kaufmann-Verlag, Lahr 2014

Fred Ritzhaupt: Wegzeichen. Bergsteigen und christliche Existenz, Verlagsanstalt Athesia, Bozen 1980

Reinhold Stecher: Schauen, was hinter den Bergen haust. Gedanken zum tieferen Sinn des Wanderns, hrsg. v. der Abtlg. Öffentlichkeitsarbeit und Kommunikation der Diözese Innsbruck, Tiroler Sonntag – Kirchenzeitung der Diözese Innsbruck, 5. Aufl., 2013, Innsbruck 2010

Knut Waldau/ Helmut Betz: Berge sind stille Meister. Spirituelle Begleitung auf dem Weg durchs Gebirge, Kösel, München 2013

Quellen- und Bildnachweise

Wir haben uns bemüht, alle Rechteinhaberinnen und Rechteinhaber zu ermitteln. Sollten trotz sorgfältiger Recherche nicht alle berechtigten Ansprüche berücksichtigt worden sein, bitten wir die Rechteinhaber, sich an den Verlag zu wenden.

Texte

Als deutsche Bibelübersetzung ist zu Grunde gelegt:
Die Bibel. Die Heilige Schrift
des Alten und Neuen Bundes.
Vollständige deutschsprachige Ausgabe AΩ
© Verlag Herder GmbH, Freiburg im Breisgau 2005

Eugen Eckart: Meine engen Grenzen © Lahn-Verlag in der Butzon & Bercker GmbH, Kevelear, www.lahn-verlag.de

Hans Gilg: Gratwanderung © Hans Gilg, Augsburg

Michael Gosebrink: Einfach gehen © Michael Gosebrink, Freiburg

Frederik Hetmann: Geräusch der Grille – Geräusch des Geldes. Aus: Frederic Hetmann: Frederik Hetmann's Wildwest-Show © Beltz und Gelberg 1990.

Werner Ponath: Blumenwiesen © Werner Ponath, Wasserburg

Lothar Zenetti: Der große Berg. Aus: Lothar Zenetti, Auf Seiner Spur. Texte gläubiger Zuversicht © Matthias Grünewald Verlag der Schwabenverlag AG, Ostfildern 2011. www.verlagsgruppe-patmos.de

Uwe Seidel: Psalm 121 – Meine Zuversicht. Aus: Hanns Dieter Hüsch / Uwe Seidel: Ich stehe unter Gottes Schutz, Seite 32, 2016/14 © tvd-Verlag Düsseldorf, 1996

Bilder im Innenteil

S. 6, 19, 25, 31, 35, 38f., 43, 51, 57, 61, 66f., 81, 90f., 95, 103, 105, 109, 121: © Ludwig Lau

S. 15: © wragg – iStock

S. 33: © mauritius images / Klaus Scholz

S. 47: © mauritius images / Prisma Bildagentur AG / Alamy

S. 71, 113: © Getty Images

S. 74/75: © mauritius images / Marco Regalia Best / Alamy

S. 99: © mauritius images / Martin Siepmann

Das beliebte Gebetbuch von Anton Rotzetter in Geschenkausstattung

ANTON ROTZETTER

Gott, der mich atmen lässt

Gebete

ISBN 978-3-451-37518-7

Das beliebte Gebetbuch des Kapuzinerpaters Anton
Rotzetter nun in bibliophiler Neugestaltung: Der ganz
besondere Ton der Gebetstexte Anton Rotzetters spricht
vielen aus der Seele. »Gott der mich atmen lässt« gehört
zu den beliebtesten Gebetbüchern im deutschen Sprach-
raum. Es enthält Gebete zu den wechselnden Zeiten
des Tages und des Jahres, für die verschiedenen Anlässe
und Erfahrungen des Lebens und Meditationen zu den
Psalmen.

In jeder Buchhandlung

HERDER
www.herder.de

Lesen ist Leben